RELATION
DES FÊTES DONNÉES
A ROME,

Par Monseigneur le Cardinal DE POLIGNAC, à l'occasion de la Naissance de MONSEIGNEUR LE DAUPHIN, au mois de Novembre 1729.

TRADUITE DE L'ITALIEN.

A PARIS,

Chez JEAN-BAPTISTE DELESPINE, Imprimeur-Libraire Ordinaire du Roy, ruë S. Jacques, à S. Paul.

M. DCC. XXX.

AVEC PERMISSION.

RELATION

DES FÊTES DONNÉES

A ROME,

Par Monseigneur le Cardinal DE POLIGNAC, à l'occasion de la Naissance de MONSEIGNEUR LE
DAUPHIN, au mois de Novembre 1729.

Traduite de l'Italien,

ES Fêtes données à Rome par Monseigneur le
Cardinal de Polignac ont été si magnifiques,
qu'il n'est pas possible d'en faire comprendre toute la grandeur à qui ne les a point vûës, & l'on
peut dire sans flatterie que quelque Relation dé-
taillée que l'on en puisse faire, on ne pourra pas en representer toute l'étenduë, puisque Rome n'a rien vû de pareil, & que
de memoire d'homme on n'y a point vû une si brillante solem-
nité.

On se réduit donc à dire que cet illustre Cardinal porté par
l'élevation de son génie, & par le zele ardent pour les inte-

A ij

rêts & pour la gloire de fon Roy, dès l'inftant qu'il eût reçû par le Courier du Cabinet le 13. Septembre, la nouvelle de l'heureux accouchement de la Reine & la Naiffance de Monfeigneur LE DAUPHIN, il vola à l'Eglife Nationale de S. Loüis, pour rendre graces au Tout-Puiffant, dont la Providence par ce fignalé bienfait affûre la fucceffion de la Maifon Royale, & affermit la tranquillité de l'Europe; Son Eminence y fit chanter le *Te Deum*, accompagné des plus confiderables de la Nation; fongeant enfuite à faire éclater publiquement fa joye, Son Eminence imagina des magnificences au goût des Romains, & comme la plûpart des Seigneurs étoient à leurs campagnes pendant les vacances, elle en remit l'execution au mois de Novembre, qui fe trouvoit heureufement le même mois où l'on avoit fait à Rome le 21. Novembre 1638. les réjoüiffances pour la Naiffance de Loüis le Grand.

Le 20. de Novembre ayant donc été arrêté, Son Eminence fit intimer une Chapelle de Cardinaux dans l'Eglife Nationale de S. Loüis, où pour action de grace, fut chanté une Meffe folemnelle en mufique, & le *Te Deum* avec une nombreufe fimphonie en prefence de trente & un Cardinaux, de l'Ambaffadeur de Venife placé dans une Tribune, & de plufieurs autres Miniftres du fecond Ordre, de divers Potentats, comme auffi de quatre-vingt-fix Prélats, de toute la Nobleffe diftinguée de Rome, & d'une grande quantité de Gentilshommes des Cardinaux, qui avoient été tous regalés avant que de partir du Palais de Son Eminence d'une grande profufion de rafraîchiffemens.

Son Eminence avoit deftiné pour le même jour, de donner dans la ruë du Cours, la courfe de chevaux, & le foir la Cantate dans la cour de fon Palais, qui étoit préparée pour cela; mais la pluye & la tempête qui commença le matin, & qui bouleverfa prefque tous ces préparatifs, obligea Son Eminence à fe réduire d'illuminer ce foir-là fon Palais d'une centaine de flambeaux de cire blanche à tous les étages, d'une infinité de lampions, & dans les ruës autour de fon Palais, de quantité de fanaux, de pots à feu & autres illuminations, avec des fanfares continuelles de trompettes, de cors de chaffe, de haut-bois & de tambours. Les Cardinaux, les Princes, les Miniftres, les Prélats & les Communautés des Religieux qui ont quelque dépendance de la Coüronne, illuminerent pareillement chés-eux, & firent par tout des feux. Son Eminence fongea enfuite à réparer les dommages de ſes préparatifs, pour un tems moins contraire.

Après quelques jours, le tems donnant quelque lueur d'eſpe-
rance, Son Eminence ſouhaitant de ſatisfaire à l'attente de tout
Rome, qui accouroit à toute heure pour voir le progrès de ſi
magnifiques préparatifs, indiqua le Samedy 26. pour la continuation de ſes Fêtes, & ayant fait inviter de nouveau le Sacré
College, la Prélature & la Nobleſſe ; elle fit annoncer la courſe des Barbes pour les vingt-deux heures. On avoit étalé le premier prix, c'étoit une grande piece de brocard d'or & d'argent
à fond bleu, que Son Eminence avoit fait venir de France va-
lant quatre cens écus Romains, & avec les mêmes formalités
que l'on y pratique au carnaval, avec la preſence du Gouver-
neur de Rome, du Sénateur & des Conſervateurs Romains, les
Soldats rangés dans leurs poſtes & places ordinaires ; s'enſuivit
la courſe de dix Barbes. Le prix fut remporté par le fameux
Barbe, nommé Melatello, appartenant au Connétable Colonne qui
y étoit preſent, dans le balcon du Palais de Nevers preſentement occupé par l'Academie Royale de France d'Architecture, Sculpture
& Peinture, où étoit auſſi Son Eminence accompagné par dix-
ſept Cardinaux, de très-grand nombre de Prélats & de Nobleſſe Romaine, qui rempliſſoient les fenêtres & balcons auſquels
on diſtribua quantité de rafraîchiſſemens.

Le Palais de l'Academie étoit non-ſeulement magnifiquement
meublé en-dedans par des plus belles tapiſſeries des Gobelins, ſtatuës,
luſtres, glaces, tables de marbre, & autres meubles que le Roy a bien
voulu y envoyer ; mais au-dehors éclatoit un grand baldachin,
ou dais de velours cramoiſi chamaré de grands galons & franges
d'or, accompagné de pareilles tapiſſeries qui ſurmontoit le balcon où leſdits Cardinaux, l'Ambaſſadeur de Veniſe & le Connétable Colonne étoient placés pour ce ſpectacle, le tout par le
bon goût du Chevalier Vleugles Directeur de ladite Academie ;
cette magnificence s'étendoit des deux côtés tout le long de la
ruë du Cours, qui a près d'un mille de long, dont les Palais, les
maiſons, fenêtres & balcons étoient tous richement tapiſſés ;
ladite ruë pleine de quantité de beaux caroſſes qui s'y étoient
promenés, & aux acclamations d'un peuple ſans nombre.

La courſe terminée avec une ſatisfaction generale, Son Eminence après les remerciemens faits à la compagnie, ſe rendit en
ſon Palais de l'Apollinaire, pour y faire executer la Cantate à laquelle il les avoit invités. Le tems y fut très-favorable.

A iij

Les dehors de ce Palais étoient, comme l'autrefois, éclairés de flambeaux, de pots à feu & de lampions, avec les trompettes, cors de chasse, hautbois & tambours, qui annonçoient les magnificences du dedans. Sur le portail étoit un cadre surmonté des armes du Roy, dans lequel étoient deux cornes d'abondance en grouppe avec le caducée, de l'ouverture desquelles sortoient des têtes d'enfans à l'instar de la celebre Médaille d'Auguste, & au-dessus le mot, *SPES POPULORUM*, & au-dessous le mot de la docte antiquité, *VOTUM SOLVIT LIBENS MERITO*, propre à la conjonéture. Pour empêcher la confusion & la foule du Peuple, la grande porte étoit gardée par les Suisses de Son Eminence, & par un corps-de-garde de Soldats du Pape posés d'espace en espace dans les dehors du rés de chaussée du Palais, dont le portique étoit orné de belles tapisseries, duquel l'on passe dans la grande cour, dont le premier coup d'œil surprit les spectateurs par la richesse, la simétrie & le bon goût qui y paroissoient de toutes parts, & dont il est impossible de faire un détail proportionné.

Les côtés des aîles étoient tapissés depuis le bas jusqu'à la corniche du premier ordre, des plus belles tapisseries de haute-lisse, dont le chapiteau étoit une grande bande de velours cramoisi, avec des galons & crespines d'or. Les sept croisées de chaque côté étoient toutes garnies de damas cramoisi galonné d'or, sur chacune desquelles étoient élevées les armes du Roy, de la Reine & du Dauphin en clair obscur d'or, & au-dessus sortoit une Couronne d'or, d'où pendoit un pavillon soûtenu par de petits amours dorés ; entre chaque croisée étoit un pilastre en grisaille & arabesque d'or, & azur parsemé de fleurs de lys, les bases & chapiteaux dorés, avec le pied-d'estal d'où sortoient deux grands flambeaux de cire blanche, & devant chaque pilastre un lustre de cristal de roche avec ses bougies.

Au-dessus de ces Couronnes Royales, continuoit une autre frise de velours galonné d'or, qui prenoit dès la corniche sur laquelle étoient rangés plusieurs grands vases peints en porcelaine aux armes de Son Eminence, & dans chacun un grand oranger de Portugal chargé de fruits, dont chaque orange creusée faisoit un lampion, entre-mêlés d'autres vases plus petits chargés de fanaux ; les croisées du second ordre étoient pareillement garnies de damas cramoisi galonné d'or, avec des festons en haut ; la grande corniche du toît par rapport au même dessein étoit vêtuë du même damas & galon, sur ce toît même tout autour de la cour étoient rangés de grands bras d'un magnifique deſſein, & belles peintures qui portoient des fanaux enflammés qui terminoient l'illumination des deux aîles collateralles, & de la troiſiéme qui répond à l'autre façade, & eſt vis-à-vis le theatre.

La grande loge diſtribuée en cinq arcades, où devoient être placés les Cardinaux, Prélats, & la Nobleſſe la plus diſtinguée, étoit tapiſſée de damas & velours à franges & galons d'or ; la propreté, l'arrangement, & la richeſſe de la voûte de la loge étoient admirables, ſous laquelle étoient en grand, les portraits du Pape, du Roy, de la Reine & du Dauphin au berceau, qui attiroient la curioſité, l'amour & les applaudiſſemens de tout le monde ; ſur la rampe d'appui de chaque arcade, étoit étendu un tapis broché bleu & or, aux armes du Roy, de la Reine & du Dauphin ; & du milieu de chaque arcade pendoit un luſtre de criſtal de roche à vingt-quatre bougies, ſur la même ligne que les flambeaux des pilaſtres.

En face de cette loge qui regardoit l'entrée du Palais, s'élevoit le grand theâtre ſur lequel on devoit executer la Cantate ; on y vit la Cour celeſte de Jupiter peinte en perſpective ſous cinq arcades par les meilleurs Peintres de Rome ; au milieu de chaque arcade s'élevoit une ſtatuë colorée en bronze & or, des cinq plus glorieux Rois de France ancêtres du Dauphin ; la premiere de Hugues Capet, avec le nom au bas en lettres d'or, éclairées & tranſparentes ; la ſeconde de Philippes Auguſte, la troiſiéme qui étoit au milieu, de S. Loüis, la quatriéme d'Henri le Grand, & la cinquiéme de Loüis le Grand. Ce theâtre étoit ſurmonté d'un grand pavillon blanc brodé d'or & d'azur, parſemé de lys, avec une grande frange d'or au bas, il ſortoit d'une grande Couronne Royale, dont les branches étoient des Dauphins dorés retrouſſé des deux côtés par de petits amours, ſous lequel on voyoit les armes du Dauphin ſoûtenuës par deux Renommées.

Au ſommet du toît reſplendiſſoit un Soleil Levant dans un char brillant à quatre chevaux effarés, ſur un globe terreſtre éclairé par les rayons du Soleil, qui répandoit une très-grande lumiere ſur tout le theâtre, & faiſoit éclater ſur ce globe le mot en lettres d'or : *IN COMMUNE BONUM*, avec un contraſte merveilleux de divers nuages lumineux qui l'entouroient.

Au bas de ce magnifique theâtre, étoit une grande eſtrade d'u-

A iiij

ne belle architecture , portée sur trois grands arcs posés sur la cour , sur laquelle on avoit dressé des sieges pour cent trente joüeurs d'instrumens d'archet & de bouche , & six autres sieges plus distingués pour les six Musiciens , qui entourés de nuées par rapport à la partie superieure , devoient representer les Divinités , & à chacune de leur place , leur symbole particulier , l'Aigle avec le Foudre , à Jupiter ; la lire , à Apollon ; le casque & le bouclier , à Mars ; la balance , à Astrée ; la roüe , à la Fortune ; & l'olivier à la Paix.

Le rideau levé, dès que le Sacré College fut en place au nombre de dix-sept Cardinaux , parurent à l'admiration des spectateurs , cette superbe décoration & les Musiciens en riches habits de theâtres dans leurs postes , & tous les joüeurs d'instrumens en habits uniformes de Génies , couleur jaune avec des guirlandes en bandoulieres & aux bras , & une couronne chamarée d'or en tête ; la nouveauté & la majesté de ce coup d'œil fut admirable.

Le bel ordre n'avoit point été negligé sur le pavé de la cour , où l'on avoit dressé des bancs pour y placer à leur aise quinze cens personnes des deux sexes , ausquelles aussi on distribua avec profusion toutes sortes de rafraîchissemens.

Les paroles de la Cantate étoient de la composition du celebre Abbé Metastasio , & la Musique du fameux Leonard Vinci , les personnages étoient les six plus habiles Musiciens d'Italie , avec la meilleure simphonie.

Le sujet étoit la dispute des Dieux sur l'Olympe , pour la préference de l'éducation du nouveau Prince , qui a été imprimé & donné au Public qui l'a infiniment applaudi , ainsi on ne s'y étendra pas ici.

Le rideau ayant donc été levé , l'ouverture se fit par une prodigieuse & charmante simphonie , qui accompagna suivant les regles du chant toute la piece , à quoi répondoient admirablement des écos de grande quantité d'autres voix & instrumens cachés dans les nuées d'enhaut.

Outre les Cardinaux & les Seigneurs , quantité de Princesses, de Dames , & de Seigneurs étrangers y assisterent , tous placez dans les croisées ; les rafraîchissemens leur furent continuellement portés , fruits glacés , Eaux fraîches , Sorbets , Chocolat , & autres , le tout avec tant d'ordre , qu'il n'y arriva pas le moindre incident.

La Cantate finie à la satisfaction & applaudissement de chacun

cun : Les Cardinaux pafferent au grand appartement de Son Eminence de onze pieces , meublées de damas à galons d'or , de haute-liffe , ftatuës & buftes anciens, éclairées de luftres , de bras , de plaques & de glaces ; ils trouverent dans la plus grande une table couverte d'autres rafraîchiffemens , de glaces , de fruits , de confitures feches & autres , avec toutes fortes de vins étrangers , qui fut enfuite livrée à la foule des fpectateurs , qui l'eurent bien-tôt deffervie. La Compagnie ayant pris congé de Son Eminence , la Fête finit à fept heures de nuit. A leur retour les ruës de Rome retentiffoient de loüanges & applaudiffemens que ce fpectacle meritoit , & pour fatisfaire aux fouhaits des mêmes Seigneurs , enchantez de ce qu'ils avoient vû , & demandant inftamment de la revoir encore une fois , Son Eminence fe crut obligé de faire derechef illuminer fa cour les foirées fuivantes.La foule y fut fi grande nuit & jour , qu'à peine les gens de Son Eminence y pouvoient avoir paffage.

Le tems continuant au beau , Son Eminence pour donner à tout le Public un plaifir plus general par des feux de joye , mais préalablement à tout , la continuation des prieres & de grandes aumônes pour remercier Dieu d'un fi grand bienfait. On fit raffembler les machines & diverfes pieces qui étoient dans plufieurs atteliers aux environs , fixant pour le 30. du mois Fête de Saint André ; on intima donc avec les mêmes formalitez & ceremonies la courfe des chevaux pour le fecond prix d'une piece de Brocard cramoify broché d'or de pareille grandeur , & valeur au premier. Cette courfe fe fit comme la premiere en prefence de Son Eminence , de vingt-deux Cardinaux , de l'Ambaffadeur de Venife & du Connétable Colonne , placez dans le même Balcon de l'Academie de France , reçûs & regalés comme la premiere fois par Son Eminence.

Le même Barbe du Connétable remporta le prix fur dix-fept autres chevaux ; & comme un des Palais du Cardinal Ottoboni Protecteur des affaires de France, fitué fur la Place Navone eft vis-à-vis du feu , Monfeigneur le Cardinal de Polignac le lui avoit demandé & fait éclairer par dehors de quantité de flambeaux de cire blanche dans toute fon étenduë du haut au bas , & au dedans, des Luftres , Bras , Plaques , &c. pour cette feconde Fête.

Son Eminence choifit la Place Navone pour l'execution de ce grand projet , non pas tant par rapport à la proximité de fon Palais, mais plûtôt par rapport à l'ufage qu'en avoient fait les anciens Romains pour les combats du Cirque, & des autres grands fpectacles dont on croit qu'elle tire fon nom de Navone avec quelque changemenr de lettres ordinaires à toutes les Langues, rétablie & annoblie après la ruine de l'ancien Cirque, par des Portiques, des Gradins & des Bornes, par de fomptueux Edifices, & par une abondance prodigieufe d'eau que rendent deux grandes Fontaines aux deux bouts, de la main du fameux Michel Ange Buonaroti; mais en bien plus grande quantité encore à la Fontaine du milieu, ouvrage du Chevalier Bebuin, d'où coulent nuit & jour quatre Fleuves au deffous de quatre grandes Statuës gigantefques qui foutiennent en l'air cette furprenante Obélifque d'Egypte. Au milieu de cette Place donc, pour renouveller l'idée de la Pyramide que l'Antiquité élevoit dans le Cirque, on voyoit élevé de terre deux grands Socs hauts de cinq paulmes, de trente-cinq paulmes ou pieds de large, & de deux cens quarante-fix en longueur pour chacun, fur lefquels étoient élevez de chaque côté deux Temples fuperbes ifolés à quatre façades ouvertes, foutenus fur huit colonnes & contre-pilaftres d'Ordre Corinthien de quatre-vingt pieds de hauteur, quarante de longueur & trente de largeur, ornés de ftatuës & de trophées avec les armes de France, dans l'un defquels fitué à droite, & dédié à la Paix & à la Juftice, on voyoit ces deux Divinités s'embraffant en figures colorées en bronze Corinthien enluminé d'or. Ce Temple ayant au frontifpice l'infcription en lettres d'or tranfparentes, *PACI ÆTERNÆ*, & fous le piedeftal de ces Divinités, *ILLO SUB SIDERE NATUS.*

L'autre Temple de pareille grandeur & Architecture fitué à gauche, dédié à la Pieté & à la Valeur, portoit au frontifpice l'infcription, *SECURITATI PUBLICÆ*, & au dedans ces deux Divinités avec ce mot, *HÆ TIBI ERUNT ARTES*, (application & pronoftic que tout Lecteur peut faire aifément.) étoient flanqués des deux côtés par quatre pieds d'eftaux fur lefquels pofoient deux Dauphins les queuës renverfées qui foutenoient en l'air un vafe antique couvert, plein de feux d'artifices.

Suivoient des deux côtés deux autres machines d'une égalle beauté & conftruction, formées par quatre grandes tables ifolées avec leurs focs deffous où pofoient quatre grands Dauphins pareillement flanqués par deux Statuës de deux Renommées, qui d'un côté foutenoient les armes du Roy , & de l'autre celles de la Reine de foixante-trois paulmes de hauteur , & au bout dudit Soc étoient deux petits Obelifques à chaque côté qui foutenoient une architrave chargée de feux d'artifices de quatorze paulmes de hauteur.

Il y avoit dans une diftance proportionnée deux autres machines d'une moindre grandeur , dans lefquelles on voyoit les armes du Dauphin foûtenuës par plufieurs Génies differemment & agréablement figurés de quarante paulmes de haut, garnis de petits enfans & de trophées ; le tout en marbre feint & rongé, & frufté pour y donner le goût de l'Antique.

Entre les fufdites machines & les deux Fontaines , on avoit élevé deux grandes colonnes qui en droite ligne continuoient la Pyramide *ad inftar* de la colonne Antonine & Trajanne de cinquante-neuf paulmes de haut, & en contour vingt-quatre paulmes avec leurs bafe , cimefe , foc & pieds d'eftaux de trente-cinq paulmes de hauteur, la circonference de foixante-feize paulmes , & chacune peinte fur toile en huile par de trés-bons Peintres , reprefentoient dans fes entours les plus glorieufes actions de Saint Loüis & de Loüis le Grand , étant terminées à leur hauteur par les figures gigantefques de ces deux grands Rois, couleur de bronze Corinthien, enluminé d'or, hauts de quinze paulmes, avec leurs Socs de dix paulmes , entourées toutes deux d'une rampe de fer fur laquelle portoient douze groffes torches de cire blanche , outre les autres douze qu'autant de bras tenoient fur le pied d'eftal de chaque colonne qui brûlerent toute la nuit. La premiere avoit dans fon chapiteau écrit en lettres d'or tranfparentes , *S. LUDOVICUS* , & au pied d'eftal *GENUS ALTO A SANGUINE DIVUM.*

Dans la feconde on lifoit en lieu pareil , *LUDOVICUS MAGNUS* , & au pied d'eftal , *DISCE PUER VIRTUTEM EX ME.*

Les trois Fontaines furent ornées par quantité de Dauphins couronnez qui rendoient l'eau par la bouche & par les yeux, par une imitation ingenieufe du goût de l'antique & des ftatuës de ces Fontaines aufquelles ils cadroient merveilleufement.

La fuperbe Fontaine de l'Obelifque étoit entourée de quarante-huit petites colonnes couleur de bois avec des mirthes Arabefques portant au haut un grand Lis & deux bras de deux grandes torches en chacun. Les bafes de l'Obelifque & les grotef-

ques des ſtatuës étoient merveilleuſement éclairées par des lumieres cachées.

Les deux autres Fontaines collateralles étant pareillement garnies de colonnes ſemblables au nombre de quarante, avoient auſſi
chacune deux torches au haut.

La ligne droite de ladite Pyramide, de mil ſoixante paulmes
de long étoit terminée par deux autres Fontaines conſtruites en
forme de fortereſſe hautes de trente paulmes & larges de
ſoixante-cinq aux armes de ſon Eminence, du milieu deſquelles
ſortoit en abondance dès le grand matin des ruiſſeaux de vin rou-
ge & blanc, répandus tous le jour à la populace par quatre hom-
mes de la livrée de ſon Eminence, ce qui produiſit les acclamations continuelles de vive le Roy, la Reine, le Dauphin & Son
Eminence. La nuit ayant fait tarir les Fontaines de vin, elles
devinrent deux très-grandes Girandoles, qui ayant jetté à la fois
chacune treize cens fuſées, terminerent les feux.

Toutes ces Machines étoient environnées de diverſes batteries
poſées en cinq ordres avec des moulinets & des fontaines de feu
qui devoient preceder celui des machines, en ſorte que la durée
de celles-ci dura plus de demie heure.

Tout le tour de la place qui eſt prodigieuſement grande, re-
preſentoit l'ancien Cirque Agonal, par cent trente-trois colonnes de la hauteur de vingt-quatre paulmes à dix-neuf paulmes de
diſtance l'une de l'autre, peintes en or, contournées de lauriers & de fleurs jointes par une architrave ornée de fleurs & de
laurier, d'où ſortoit un pareil grand feſton qui alloit de l'un à
l'autre ; à leur cime étoient les armes du Roy, de la Reine & du
Dauphin ornées de beaux trophées en cimetrie entremêlées par
trois cornes d'abondance qui avoient chacune trois grandes torches de tous côtés avec un Lis au milieu ; & entre les armes &
les cornes d'abondance, il y avoit douze fanaux pareillement aux
armes du Roy au nombre de trois mille avec trois mille autres
que Son Eminence avoit fait diſtribuer aux Maîtres des échaffaux
tapiſſés, qu'ils avoient fait élever dans les allignemens autour de
la place ſous les feſtons. Son Eminence avoit fait agrandir de
beaucoup le balcon du Cardinal Ottoboni, garni par le dedans
de tapis bleu & or avec les armes du Roy à la rampe d'appui,
& au haut les trois armoiries en grand du Roy, de la Reine &
du Dauphin ſous un grand Pavillon Royal parſemé de fleurs de
Lys d'or & d'azure en Arabeſque, aux croiſées des deux étages

étoient cinquante-deux torches, & toute la façade richement tapissée.

M. le Prince Pamphile dont le Palais est contigu, l'éclaira de quantité de torches, & autres illuminations, aussi bien que la façade de sa belle Eglise de Sainte Agnès ; le Cardinal Corsini qui est de suite en fit de même, aussi bien que le Cardinal de Giudice qui est après ; & à leur exemple tous les Proprietaires du tour de la Place, & sur tout les Espagnols à la façade de leur Eglise Nationale de Saint Jacques, ce qui faisoit que toute la Place fut admirablement tapissée & illuminée par tout jour & nuit avec une charmante uniformité; il y avoit aux quatre coins de cette Place qui est un prodigieux carré long, quatre échaffaux pleins de Trompettes, Cors de Chasse, Hautbois, Timbales & Tambours dont les fanfarres continuoient jour & nuit, & six Tambours de Basques vêtus de taffetas cramoisy aux armes de Son Eminence rouloient par la Place, & concertoient avec les cris & les acclamations du Peuple.

Dès que trois cens Ouvriers avoient commencé à travailler aux Châteaux de cette grande Machine, les personnes de tout rang accouroient pour les voir ; mais quand toutes les parties en furent rassemblées & élevées, la foule devint si grande dans cette vaste place qu'on ne pouvoit plus s'y promener, la veille & le jour de l'execution de cette Fête, la presse y fut telle, qu'on fût obligé d'y faire ranger deux cens Soldats de la garde du Pape, & d'en défendre l'entrée à tous carosses, ensorte que l'on y voyoit à pied les Cardinaux, Prélats, Princes, Princesses, & autres Dames & Seigneurs rodans & admirans [de tous côtés la beauté & magnificence de cette place, dont on n'avoit rien vû de pareil, ni de si glorieux en ce genre pour le Roy & pour la Nation.

Le tout ainsi disposé, la nuit venuë au bruit des concerts & fanfares, cette grande place parut éclairée où le Peuple accouroit pour se placer, elle fut si remplie en un instant qu'il devint impossible d'y pénétrer, les échaffauts, croisées, balcons, & les toîts étoient couverts de monde, le tems étant très-beau.

En même-tems par toute la Ville, les Palais & Maisons des Cardinaux, Prélats, Princes, Ministres, & des Nationaux étoient illuminés pour la troisiéme fois, & sur tout le Palais de Son Eminence, dont une aîle donne sur la place Navone avoit cent torches de cire blanche, sans compter une infinité de lampions & de fanaux.

Les Cardinaux au nombre de vingt & un arrivés & placés dans le susdit Palais, l'Ambassadeur de Venise, le Connétable Colonne, le Marquis d'Ormes, le Comte Gros Ministres du Roy de Sardaigne, avec quantité d'autres Ministres, Prélats, & Noblesse ayant été tous regalés d'abondans rafraîchissemens, on donna à l'impatience du Peuple le signal de mettre le feu aux machines, qui prit commencement par la batterie en cinq ordres, qui se communiqua admirablement bien à tous les bouts de la place sans le moindre dérangement, & qui amusa très-agreablement les spectateurs pendant plus d'une demie heure, après quoi & à l'instant toutes les machines de la grande Pyramide, & des deux colonnes furent allumées en même-tems, & resterent allumées pendant la durée du feu, ce point de vûë surprit en admiration tous les spectateurs ; s'ensuivirent les décharges continuelles de l'artillérie des machines d'un côté & de l'autre de l'obelisque, avec les ordres, suites & arrangemens de décharges, & d'artifices de toutes les especes & de nouvelles inventions, qui répondoient bien au reste du grand appareil & qui durerent une heure entiere, la Fête fut terminée par les deux grandes girandolles de deux mille six cens fusées, qui partirent en même-tems des susdites fontaines de vin, aux acclamations & applaudissemens de tout le Peuple, dont il est impossible d'exprimer le ravissement au point que ne pouvant se lasser de ce spectacle, il resta la plus grande partie de la nuit sur la place, & y retourna en grand nombre dès le matin, pour en contempler à leur aise la beauté & la magnificence ; ces grandes idées ont été mises en œuvre & en execution par la direction & les talens connus du Chevalier Pierre Ghezzi, ce qui a réveillé la verve de nos meilleurs Poëtes, qui l'ont celebré par divers Sonnets & autres pieces de Poësies distribuées de tous côtés.

Le tout s'est terminé avec un ordre & une tranquillité merveilleuse ; ce grand spectacle en rappellant l'idée des spectacles anciens, transmet à la posterité quelque idée de la gloire du Roy & de sa Race Auguste, & sera un monument de l'élevation du génie & du zele de Monseigneur le Cardinal de Polignac.

CANTATE
CHANTÉE A ROME,

DANS LE PALAIS DE MONSEIGNEUR le Cardinal DE POLIGNAC, pour les Fêtes que Son Eminence y a données au sujet de la Naissance de MONSEIGNEUR LE DAUPHIN.

TRADUITE DE L'ITALIEN.

PERSONNAGES.

JUPITER, MARS, APOLLON, ASTRE'E, LA PAIX, LA FORTUNE.

La Scene est sur l'Olympe.

PREMIER ACTE.

JUPITER.

PARLE's Divinités, sur quoi étes-vous si échauffés? Qu'est-ce qui trouble la tranquillité de l'Olympe? Pourquoi Mars, Apollon & Astrée, ont-ils l'épée, l'arc & la lance à la main? D'où vient que la Paix toute échevelée n'a plus soin de sa beauté? Elle qui est l'amour & l'esperance des Mortels; & comment la For tun si accoûtumée aux jeux gémit-elle, & se plaint-elle à present?

Eſt-ce que l'on fait de nouveau la guerre au Ciel ? Encelade &
Tifée fecoüent-ils le Mont Etna & Inarime ? La difcorde en fu-
reur a-t'elle derechef jetté fa Pomme fur la table des Dieux ? Mais
quelle que foit la caufe de vos mauvaifes humeurs, taifés-vous-
en. Je ne veux aujourd'hui entendre parler que de joye & de plai-
firs.

Ce lys que je plantai jadis de ma propre main fur les bords de
la Seine, dont je commis le foin au Deftin, & fur qui vous con-
fultâtes entre vous, ce lys garnit aujourd'hui fa tige d'un beau
rejetton.

Que Vulcain aujourd'hui laiſſe chaumer fes forges en Sicile, en
ce jour les Mortels ne verront point la foudre dans mes mains.

M A R S.

C'eſt juſtement ce Rejetton Royal qui caufe nos diſſenſions.

A S T R E' E.

Chacun de nous prétend être chargé de l'élever.

A P O L L O N.

Je dois être le Chiron de l'Achille de la France.

L A P A I X.

Cette place illuſtre,

L A F O R T U N E.

L'efperance de ce grand honneur,

L A P A I X.

Appartient à moi feule.

L A F O R T U N E.

Ne convient qu'à moi.

J U P I T E R.

La conteſtation eſt digne de vous, Jupiter lui-même en fera le
Juge, que chacun fans aigreur dife fes raifons & fes merites.

A P O L L O N.

Quoi, on ofe me difputer l'éducation de cet Enfant ? A moi
qui

qui ai fait paſſer en France tous les talens du Parnaſſe, & pour qui j'ai abandonné les belles retraites de Libetre & de Cinte ? A moi qui ai préferé l'ombre des lys aux lauriers de l'Elicon ? Qui ai jetté tant de lumieres dans les eſprits de cet heureux Royaume ? C'eſt par mes dons qu'Athenes porte envie au Coturne François : j'ai moi-même monté & accordé la lire aux Cignes de la Seine ; j'ai reglé le feu de leurs grands génies, je leur ai découvert les ſecrets de la nature, le mouvement des ſpheres, la ſituation, la route & la diſtance des aſtres, & tout ce que la myſterieuſe & ſçavante Egypte avoit caché aux prophanes, ſi le ſoin de ce nouveau plant m'eſt refuſé, qui peut jamais s'en charger ? Il faut ou que cet honneur me ſoit accordé en récompenſe de mes bienfaits, ou je ſuſpendrai ma lire ſans plus y toucher.

La Paix.

L'ingratitude entre donc auſſi dans le cœur des Dieux ?

Quoi Apollon ! Tu ne te ſouviens pas de mes dons ? N'eſt-ce pas moi qui te préparai la tranquillité de cette retraite ? C'eſt par moi que les Rois François ſe trouverent en état de faire venir de divers Païs les Arts qui étoient fort éloignés de leur Trône ? Tu en fus le guide, je les ſoignai, ils crûrent dans mon ſein & à un tel point, que donner l'ame à la toile, la vie au bronze & le mouvement au marbre n'y eſt plus un miracle, le ſexe même n'y regarde plus que comme un amuſement d'égaler l'adreſſe de l'éguille d'Araené & de Minerve, les fleuves mêmes y ont appris à remonter par des tuyaux juſqu'au haut des montagnes. Par moi le troupeau ſuit ſa Bergere ſans craindre la lueur des armes. Par moi le Laboureur ne craint plus que le Cavalier Etranger fourage ſon champ.

Mars.

Quoi ! Tu t'appropries mes merites, & tu ne réfléchis pas en quel danger tu ſerois, ſi je t'abandonnois, ton loiſir naît de moi, c'eſt moi qui ai armé la main des ayeux de ce jeune Prince, je défendis, j'étendis leurs Royaumes ; mes travaux ont jetté la terreur dans l'Afrique, & produit la ſûreté du commerce ſur la Mediterranée. Par moi le François victorieux eſt allé plus d'une fois étancher ſa ſoif dans le Jourdain. C'eſt moi, ô Muſes, qui ai ramaſſé tous ces treſors dont vous ſubſiſtés, & qu'Apollon ne ſe fâche pas, ſi quelquefois le bruit des armes interrompt ſes concerts ennuyeux , qu'il fçache que les armes font la plus belle matiere de fes chants , à l'ombre de mon bouclier la Paix eft en repos , Apollon chante l'Amour badine , Jupiter fi tu honores ta France de palmes & de lauriers , ces palmes & ces lauriers font arrofés & nourris de mes fueurs.

A S T R E' E.

Après l'heureux âge d'or , je quittai la terre & m'envolai au Ciel. Alors, tu le fçai Jupiter , les paffions devinrent les tyrans des Mortels, alors le monde connut l'avarice , la difcorde accompagnée de fang & de pleurs, la haine cachée , le dépit violent & les autres Furies de l'Enfer. La Race des Bourbons attentive à délivrer la terre de tant de maux , me rappella dans mon premier féjour , m'accüeillit , m'admit au Trône , me donna part dans les confeils , & me fit la Nourrice de fes Enfans. Jupiter fi tu veux fçavoir comment les jeunes Heros confiés à mes foins , profitent , confidere les actions du Roi regnant , tu le verras dans fon aurore imitateur de fes Ayeux , remarque avec quelle maturité il diftribuë les récompenfes & les châtimens. Demande aux Païs qui lui obéiffent , combien fon Gouvernement eft doux, & demande au monde entier ce qu'il a obtenu , ce dont il joüit , & combien il efpere de fon bras pacifique & guerrier ; celle qui a été Gouvernante du Pere fupplie très-humblement Jupiter qu'elle la foit auffi du Fils , ce Pere que j'ai élevé fera du monde entier , du Trône de fes Ayeux le foûtien & l'amour.

La Fortune.

Si ce Pere heureux , Aftrée , a tant reçû de ta main , l'aimable Mere en a-t'elle moins reçû de la mienne ; par moi le Monarque François connut les merites de cette Augufte Dame , touché des grandes qualités de fon ame , de fon illuftre Naiffance , de fes nobles fentimens, des graces & des vertus qui l'ornent , lui tourna par préference toute fon affection avec l'applaudiffement de tous fes fujets ; par moi Lucine eft déja entrée plus d'une fois auprès du lit Royal , & elle me promet d'y retourner encore ; ayant tant fait , j'ai droit de demander l'éducation de ce petit Alcide , & je la demande moi qui peut à ma fantaifie rendre le monde heureux ou malheureux ; pour qu'un Souverain foit heureux , il ne fuffit pas que fon berceau foit entouré de gloire ; fi la fortune ne le favorife , le merite & la valeur reftent fans récompenfe.

JUPITER.

O Dieux dans une si parfaite égalité de merites, le jugement
de Jupiter est fort balancé.

MARS.

Eh ! Qui peut s'égaler à Mars ?

LA FORTUNE.

Qui peut jamais s'égaler à la Fortune.

APOLLON.

Quel des Dieux surpasse ma gloire ?

LA PAIX ET ASTRE'E, ensemble.

Et mes dons ?

LA FORTUNE.

Ah ! Si je ne suis pas préferée, j'ouvrirai par vengeance les por-
tes de fer des gouffres où j'avois enfermé les désastres.

MARS.

Je porterai le carnage & la mort parmi les miserables Mortels,
j'allumerai des Cométes horribles de sang & de trouble, je broüil-
lerai les astres, je bouleverserai les spheres.

LA PAIX.

Au lieu de procurer les contentemens que la vertu merite, je
ne fournirai qu'une oisiveté lâche.

ASTRE'E.

Pleine de dédain, je revolerai au Ciel.

APOLLON.

Je briserai ma lire & mon arc, & les jetterai dans les tour-
billons du Fleuve Leté.

JUPITER.

Holà, silence, quoi un de mes plus grands bienfaits qui donne la paix à la terre, suscite la guerre dans le Ciel ?

LA FORTUNE.

L'objet de nôtre dispute est tout du plus grand.

M A R S.

Pourquoi la queſtion eſt-elle encore indéciſe ?

J U P I T E R.

Juſqu'ici, Divinitez, vous avez expliqué ce que vous avez fait en faveur de cette Race ſublime, vos merites envers Elle ſont également grands, mais pour venir au fait, que chacun de vous deduiſe la méthode par laquelle il prétend former l'eſprit du jeune Heros.

A S T R E' E.

Ce ſera là mon ſoin.

A P O L L O N.

Ce ſera toute mon application.

J U P I T E R

O Dieux ! vous êtes trop vifs, il vous faut du tems pour moderer vôtre zele, & pour bien mediter une telle entrepriſe, je vous l'accorde en attendant que les cimes de l'Olympe retentiſſent d'Augurs heureux & de joyeuſes armonies.

C H O E U R.

Que les ſoins du ciel conſervent & rendent fécondes les branches tendres du Lis François.

A S T R E' E.

Tout aſtre benin défende du chaud & du froid les feüilles nouvelles.

T O U S   E N S E M B L E.

Que les années augmentent ſa beauté, & que la blancheur de ſa fleur ne perde jamais ſon éclat, mais qu'elle diſpute ſa durée aux palmiers.

A C T E   S E C O N D.

M A R S.

Pere Jupiter prononçe enfin ; tes longueurs m'offenſent. A qui

mon foin pour l'éducation des Heros eft-il inconnu ? J'accoutû-
merai ce Royal Enfant à dormir tranquillement fur un dur bouclier , à n'être point ébranlé par le bruit de l'artillerie , à fe ré-
joüir aux fons perçans des trompettes guerrieres , à calmer les
cris par le fracas des armes, tout tendre il apprendra à foûtenir
le poids du cafque & du fabre. Veillant auprès de fon berceau,
je ferai que ma lance & mon épée foient fes hochets, je ne lui
infpirerai pour fonges , qu'armées , batailles , foldats. Devenu
plus grand , mon métier ne lui fera qu'un jeu , je ferai toûjours
l'avant-coureur de fes victoires, & j'attendrai fon arrivée triom-
phante & aux fources du Nil & aux bords du Gange.

L'Aurore pâlit , elle prévoit que ce Heros naiffant fera vain-
queur de fes climats , & les habitans de la brulante Afrique en
font glacez.

LA PAIX.

O Mars ! Ne troublés pas le doux repos de ce Royal Enfant.
Je ferai naître des oliviers autour de lui , à leur ombre il bai-
gnera fes levres dans les fources de la fageffe. Il y pourra en fû-
reté , foit dans les écrits des Latins , foit dans ceux des Grecs, ap-
prendre les caufes cachées des chofes d'où naiffent les paffions ;
quels vices , quelles vertus détruifent ou maintiennent les Em-
pires , qui a fondé, qui a ruiné les Monarchies les plus celebres,
& quel deftin a forcé l'Affyrien , le Mede , le Perfan , le Grec
à regner & à fervir, & mefurant le prefent fur les exemples du
paffé , il pourra dans l'obfcurité des deftinées prevenir l'avenir.
La gloire d'un Roi n'éclate pas moins dans les monumens de la
paix que dans ceux de la guerre. L'olivier orne fi agreablement le
trône , que peut-être le laurier n'en eft pas fi digne.

LA FORTUNE.

Mais pour que cet augufte Enfant foit heureux , il faut le con-
fier à mon zele , je ferai que dès fa tendre enfance , il marchera
ferme fur le plus haut de ma roüe , que fa petite main empogne
mon toupet , & quand après quelques années il entreprendra les
plus grandes chofes, il me traînera toûjours après lui. S'il lui prend
envie de fe hazarder fur les flots de la mer, j'appaiferai les vagues
autour de fon vaiffeau & j'affoupirai les tempêtes. S'il veut mener
des armées par les montagnes & par les forêts , je lui en appla-
nirai & lui en faciliterai le paffage.

Astrée.

L'école d'Astrée est necessaire aux Monarques, on y apprend l'art de regner si difficile. Si je suis choisie pour cette éducation, je lui dresserai sa tendre main sur ma juste balance, en sorte qu'elle ne penche point, mal à propos, & que l'amour ni la haine ne s'en mêlent point, & que doux pour autrui, severe pour lui même, il fera voir réellement au monde ce qu'Athenes a chanté dans ses Fables sur Hercule, il sçaura vaincre les attaques des serpens meurtriers. Quoi qu'encore au berceau, il dissipera quand il faudra les halenes empoisonnées de l'Hydre renaissante, par moi instruit il aura le courage de prêter les épaules à Atlas, & par sa pieté & son zele d'empêcher la ruine du Ciel. On ne verra pas le méchant élevé, le crime ne joüira pas du prix dû à la vertu, & ce peuple guerrier soumis à un si juste Empire se trouvera honoré d'une douce servitude.

Apollon.

Tout ce que vous pouvez unir ensemble, ô Dieux mes rivaux ! je le puis faire tout seul & sans compagnon, je n'ai que faire de balance, d'épée, de casque, de cuirasse, ni d'aucun harnois, il suffira que je prenne quelquefois en main ma Lire & que cet Enfant m'écoute chanter les actions heroïques de ses Ayeux ; il apprendra tout dans les exemples de sa Maison : Quel aiguillon pour un cœur bien né que le récit des faits & gestes des Charles & des Henris si bien imitez par celui qui du Trône de l'Iberie regit son Empire divisé en deux mondes ; ce rameau fortuné égalera par ses actions la gloire & la grandeur de sa naissance. S'il imite son ayeul & son pere, je ferai incessamment retentir à ses oreilles ces noms glorieux, & par dessus tout il entendra mon archet merveilleux faire souvent repeter à mes cordes harmonieuses le nom des Loüis, tantôt de Loüis le Grand, tantôt de Loüis le Juste, tantôt de Loüis le Débonnaire, le souvenir de ses grands Ayeux enflâmera d'une noble émulation ce jeune rameau, & également comme eux, pour devenir aussi l'objet de mes chants, il courra aux triomphes.

Jupiter.

Jusqu'ici heureux habitans des Cieux, voilà assez parlé de vôtre côté & assez écouté du mien, il est tems de prononcer, écoutez.

Pas un de vous ne suffit seul à cette entreprise, il faut que vous vous y joigniez tous, l'école seule de Mars auroit trop de rudesse, celle de la Paix trop de molesse; qu'ils fassent tous deux un juste mélange de leurs qualitez. Qu'Astrée & la Fortune unies ne le quittent point, que la sagesse d'Astrée modere les caprices de la Fortune, il voguera en sûreté sur l'Ocean des vicissitudes de ce monde, & quand, soit en bourasque, soit en calme, l'une tiendra la voile, & l'autre le gouvernail. L'emploi du Dieu de Delphe sera de tourner le cœur de cet Enfant à suivre les grands exemples de ses Ancêtres en leur fournissant nouvelle matiere à ses chants; ce travail commun vous doit plaire à tous. Jupiter y tiendra sa partie. Ce n'est pas trop que tout le Ciel soit occupé du berceau où gît l'esperance & la gloire de cette auguste Tige, que la troupe celeste s'applique à l'ouvrage : Je me charge d'ordonner à la Parque de filer très-lentement & très-longuement pour lui, & que ce beau rejetton accordé aux desirs du monde, voye après un grand nombre d'années, & après que ses cheveux auront blanchi, ses arrieres-neveux joüer autour de lui.

LA PAIX.

Cet Arrêt est digne du grand Jupiter.

ASTRE'E.

Je m'y soumets très-volontiers.

MARS,

L'impatience me prend de commencer.

APOLLON, LA FORTUNE, ensemble.

Volons en foule en ce climat, dans cette Maison Royale.

JUPITER.

Je me mets à vôtre tête, venez Divinitez, que désormais Mars laisse la Trace, Fébus l'Elicon, & tous quittent l'Olympe, établissons nôtre séjour dans la France.

FIN.

Permis d'imprimer ce 20. Janvier 1730. HERAULT.